MÉMOIRE

SUR LES

LOIS DE SIMON DE MONTFORT

ET SUR LES

COUTUMES D'ALBI

DES XIII°, XIV°, XV° SIÈCLES ;

Appréciation de leur esprit par rapport au droit féodal, et au droit civil, criminel, administratif, jusqu'à la révolution de 89 ;

LU A L'ACADÉMIE DES SCIENCES MORALES ET POLITIQUES,
SÉANCES DES 8 ET 15 MARS 1856,

PAR M. F. LAFERRIÈRE,

Membre de l'Institut, Inspecteur général des Facultés de droit.

PARIS

COTILLON , ÉDITEUR, LIBRAIRE DU CONSEIL D'ÉTAT,
RUE SOUFFLOT , 23.

1856

MÉMOIRE

SUR LES

LOIS DE SIMON DE MONTFORT

ET SUR LES

COUTUMES D'ALBI

DES XIIIe, XIVe, XVe SIÈCLES.

Orléans. Imp. Colas·Gardin.

MÉMOIRE

SUR LES

LOIS DE SIMON DE MONTFORT

ET SUR LES

COUTUMES D'ALBI

DES XIIIe, XIVe, XVe SIÈCLES ;

Appréciation de leur esprit par rapport au droit féodal, et au droit civil, criminel, administratif, jusqu'à la révolution de 89 ;

LU A L'ACADÉMIE DES SCIENCES MORALES ET POLITIQUES, SÉANCES DES 8 ET 15 MARS 1856,

PAR M. F. LAFERRIÈRE,

Membre de l'Institut, Inspecteur général des Facultés de droit.

PARIS

COTILLON, ÉDITEUR, LIBRAIRE DU CONSEIL D'ÉTAT,

RUE SOUFFLOT, 23.

1856

EXTRAIT DU COMPTE-RENDU
De l'Académie des Sciences Morales et Politiques,
RÉDIGÉ PAR M. CHARLES VERGÉ ,
Sous la direction de M. le Secrétaire perpétuel de l'Académie:

MÉMOIRE

SUR LES

LOIS DE SIMON DE MONTFORT

ET SUR LES

COUTUMES D'ALBI

DES XIIIe, XIVe, XVe SIÈCLES ;

Appréciation de leur esprit par rapport au droit féodal et au droit civil,
criminel, administratif, jusqu'à la révolution de 89.

MESSIEURS,

Mon séjour dans le Midi m'a décidé à faire une étude
attentive des anciennes coutumes de la France méridionale, qui pourraient devenir l'objet d'une suite de
mémoires. Ces coutumes, aperçues dans l'éloignement des
temps, des lieux et des monuments historiques, semblent
revêtir une couleur uniforme de droit romain et de
régime municipal fondé sur l'institution des Duumvirs et
des Consuls ; mais lorsqu'on pénètre au-delà de ces premières apparences et qu'on examine le fond même des

choses, on est frappé de la variété des éléments, et quelquefois de leurs combinaisons savantes et recherchées.

Dans un premier mémoire sur les anciennes coutumes de Toulouse, lu devant l'Académie de législation, et dont j'ai fait hommage, l'année dernière, à chacun de MM. les membres de l'Académie des sciences morales et politiques, j'ai tâché de mettre en relief le caractère des institutions municipales, civiles et judiciaires de cette grande cité.

Je demande maintenant la permission de soumettre aux lumières de l'Académie un second essai de mon travail général sur les coutumes du Midi, essai sur les lois et coutumes albigeoises, qui offrira plus d'un contraste avec les résultats de ma première étude.

Les Albigeois ont souvent attiré l'attention des chroniqueurs et des historiens; mais les coutumes de leur pays n'ont pas été l'objet d'un travail spécial qui puisse en représenter le véritable esprit. Cependant les archives d'Albi sont riches en documents; un recueil de chartes et de pièces importantes a même été publié dans cette ville, depuis quelques années, sous l'inspiration du patriotisme local (1); et aujourd'hui que l'histoire du droit n'est plus

(1) Etudes historiques et documents inédits sur l'Albigeois, le Castrais et l'ancien diocèse de Lavaur, par M. Cl. Compayré, correspondant du comité des travaux historiques. (Albi, 1841, 1 vol. in-4°, 570 pages.)

Documents inédits concernant les hérétiques *bonshommes* de la secte des Albigeois, par M. B..., archiviste et correspondant du comité. (Toulouse, 1850, in-4°, 46 pages.)

M. Giraud, de l'Institut, a aussi publié, en 1846, les coutumes regardée comme inutile, soit à l'histoire générale, soit à l'histoire de France en particulier, il ne sera peut-être pas sans intérêt de déterminer les effets et la durée des lois imposées par Simon de Montfort aux peuples vaincus, et d'observer l'ensemble des coutumes civiles et administratives de l'Albigeois, du XIIᵉ à la fin du XVᵉ siècle. Celles-ci nous fourniront un exemple de suprématie épiscopale dans l'ordre temporel, que l'on chercherait en vain, au même degré, dans les autres cités du Midi, et une alliance d'institutions diverses qui donne à l'organisation du pays une remarquable originalité.

Je divise ce mémoire de la manière suivante :

1° Institutions antérieures à la croisade contre les Albigeois ;

2° *Lois de Simon de Montfort;* distinction essentielle entre les actes de l'an 1212 compris sous cette dénomination ;

3° Effets et durée de ces lois ou actes; — Coutumes d'Albi de l'an 1220 ;

4° Usages et chartes de l'Albigeois depuis sa réunion à la couronne au XIIIᵉ siècle ; — Pouvoirs mixtes de l'évêque, du roi, des consuls ; — Institution du jury en matière criminelle ; — Juridiction royale ; — *Confrérie de Saint-Louis*, son rôle jusqu'à la fin du XVᵉ siècle ; — Archevêché au XVIIᵉ ; — Situation administrative jusqu'en 1789.

d'Albi de 1220 en langue romane (*Essai sur l'hist. du droit au moyen-âge.* App., 1ʳᵉ partie, p. 84).

Ces coutumes de 1220 se trouvent en texte latin et en texte roman, avec quelques variantes, dans le recueil de 1841.

§ 1er

L'Albigeois n'est pas indiqué par Jules César dans ses descriptions et ses nomenclatures des territoires et des peuples de la Gaule. Il faisait partie de la Celtique et non de la Gaule-Narbonnaise. Il fut compris par Auguste dans l'Aquitaine. La *Civitas Albiensium* figure dans les notices de l'empire romain du vᵉ siècle (1). Des médailles, des armes, d'anciens monuments et des traces de voies antiques sont les indices d'une colonie romaine établie sur le territoire ou dans le voisinage de la cité (2).

Des traditions, trop incertaines pour prendre place dans l'histoire, font remonter jusqu'au iiiᵉ siècle la fondation de l'évêché d'Albi. Elles l'attribuent à saint Clair, l'apôtre et le martyr du christianisme dans ces contrées. Mais la certitude historique, sur les évêques d'Albi, ne commence

(1) Aquitania prima. D. Vaissette, *Histoire du Languedoc,* tome Iᵉʳ, p. 73, nᵒ IX, et p. 490, nᵒ IX (édit. du Mège).

(2) D. Vaissette (qui était de Gaillac à quelques lieues d'Albi) reconnaît qu'il est question pour la première fois de la *civitas albiensium* dans les notices de l'empire sur les cités de la Gaule, mais il ajoute qu'à *Montaus (Mons antiquus)*, près de Gaillac, on a trouvé des médailles, des urnes et d'anciens monuments qui indiquent un établissement romain. (T. Iᵉʳ, c. 26, p. 85.)

M. du Mège ajoute sur les voies romaines des détails qui confirment la conjecture de D. Vaissette, et il a suivi les traces de ces routes comme aboutissant à la ville d'Albi. (Id., p. 149.)

Voir ce que nous dirons *infrà* sur les impôts et leur origine romaine.

qu'avec l'évêque Diogénien, qui vivait au v⁰ siècle et dont Grégoire de Tours parle avec éloge (1). Le diocèse s'identifiait avec la cité ou le territoire d'Albi. L'évêché relevait de la métropole de Bourges, qui était celle de l'Aquitaine première.

Au vii⁰ siècle, la cité d'Albi avait, comme la plupart des cités épiscopales, un comte spécialement préposé au gouvernement civil (615); le bénéfice révocable prit, sous Charlemagne, la consistance d'un comté héréditaire. Le dernier comte particulier d'Albi fut Ermengaud qui mourut en 864. Eudes, duc ou comte de Toulouse, réunit à ses domaines l'Albigeois, qui avait été ravagé par les incursions des Normands. En l'année 878, on voit Raymond, comte de Toulouse, tenir dans la ville d'Albi un plaid pour juger les différends élevés entre une abbesse du monastère de Saint-Sernin et plusieurs seigneurs du pays qui revendiquaient l'usufruit de ce monastère (2) : il ne peut donc y avoir de doute sur l'incorporation du pays au comté de Toulouse vers la fin du ix⁰ siècle. Quelque temps après cette réunion, Albi fut soumis à l'administration d'un vicomte, qui tenait la place du comte de Toulouse et relevait directement de lui.

Le premier vicomte d'Albi fut Bernard en 918. Le titre de vicomte appartint, en 1060, à Bernard surnommé *Trencavel;* et cette haute antiquité de la famille et du titre des Trencavel expliquera pourquoi dans le xiii⁰ siècle Simon de Monfort, tout vainqueur qu'il était en Albigeois, avait

(1) Greg. Turon., lib. II, c. 13, p. 174. Diœgenianus Albigæ dignus domino, sacerdos.

(2) D. Vaissette, t. 2, p. 607, n° CIX.

tâché d'obtenir d'un Trencavel la cession de ses droits sur le pays.

L'épiscopat et la seigneurie féodale furent souvent, à partir du x⁰ siècle, en lutte de pouvoirs : les comtes et vicomtes intervenaient dans l'élection de l'évêque et voulaient même disposer de l'évêché comme d'un office ou d'une chose aliénable.

Ainsi, en 1038, le vicomte Bernard promit de vendre, après la mort de l'évêque Amelius, au prix de 5,000 sous d'or, l'évêché d'Albi à Guillaume d'Aimar, pour le posséder pendant toute sa vie, soit qu'il se fît sacrer, soit même qu'il fît sacrer un autre à sa place (1).

Ainsi, en 1132, Alphonse, comte de Toulouse, donna au vicomte Roger l'évêché d'Albi *à titre de fief* (2).

Mais si les seigneurs féodaux s'arrogeaient ce droit de *collation* épiscopale, le peuple, au moment de la vacance de l'évêché, exerçait aussi son droit à sa manière : c'était le *droit* de piller les biens de l'évêque à son décès. Cette coutume, digne des temps les plus barbares, exista jusqu'au milieu du xıı⁰ siècle, et ne cessa qu'en 1144 par suite des prohibitions et abolitions expresses du vicomte Roger et de Pierre, archevêque de Bourges. L'abolition prononcée en 1144 par le métropolitain, mentionne celle du vicomte (3) ; il y eut donc, pour atteindre ce

(1) D. Vaissette, *Hist. du Languedoc*, t. 3, p. 504. Preuves, CXXXVIII : Ut si intus se fecerit aut alium episcopum fecerit.

(2) *Id.*, t. 4, p. 412. Preuves, LXXXVI : Ad commodum tuum in feudo.

(3) Documents inédits, p. 143, n° III.

but, accord entre les deux pouvoirs ecclésiastique et
civil.

De même, l'autorité du Saint-Siége et l'autorité du roi
de France comme suzerain réunirent leurs efforts, dans le
XIIᵉ siècle aussi, pour détruire l'abus qui avait fait de
l'évêché d'Albi un fief. Le pape Innocent II commença
par fulminer, en 1130, une bulle prohibitive qui resta
d'abord sans force; car deux ans après, le comte de Toulouse (comme nous l'avons dit) disposait de l'évêché à
titre féodal. Mais Philippe-Auguste, par son ordonnance
générale de 1190, rendit exécutoire la prohibition du
pape, et, sous son règne, l'indépendance du siége épiscopal fut pleinement reconnue (1).

La bulle de 1130 reçut même son exécution sur deux
points très-importants de droit public ecclésiastique :
L'église cathédrale de Sainte-Cécile, qui était appelée
église-mère, fut mise sous la protection directe du pape,
et les chanoines du chapitre, autorisés à vivre en communauté, furent investis du *droit d'élire l'évêque*, sans la par-
ticipation des personnes séculières ou autres (2). C'était
une grave dérogation à l'ancienne discipline sur l'élection
des évêques par le peuple de la cité.

Une réaction, toute favorable au pouvoir *temporel* de
l'évêque, suivit son indépendance dans l'ordre *spirituel*.
La seigneurie d'Albi fut partagée entre l'évêque et le
vicomte : la haute justice, la justice criminelle, appartint
même exclusivement au prélat.

(1) Ordonnance de 1190 (dite testament du roi) art. 9 et 10.
— (*Recueil des ord. du Louvre*, t. Iᵉʳ, p. 18).
(2) Documents inédits, p. 278, et nᵒ LXXX.

Deux documents des XIIe et XIIIe siècles, qui se rapportent l'un et l'autre à l'état de choses antérieur à la croisade contre les Albigeois, attestent de la manière la plus précise ce partage de pouvoir et cette haute juridiction.

Le premier est un accord passé, en 1193, entre le vicomte et l'évêque d'Albi, d'après lequel le *tiers* de certaines redevances de seigneurie, perçues dans la ville, est attribué au vicomte, et les *deux tiers* sont déclarés appartenir à l'évêque (1).

Le second est une enquête de 1229, qui s'applique aux usages de juridiction suivis précédemment : elle constate 1° qu'en matière civile le vicomte, seigneur de Castelvieil, ne connaissait à Albi des causes relatives aux terres, aux dettes et aux gages d'obligations, que si l'affaire lui était *d'abord déférée* et ne concernait pas les *hommes de l'évêque ;* 2° qu'en matière criminelle, le vicomte ne connaissait que des simples injures sans effusion de sang, ni imputation de vol ou d'adultère (2).

(1) Documents inédits, p. 142, n° II. — Le vicomte avait toute la seigneurie et les droits du Castelvieil (ou château d'Albi); mais les droits dans la ville même étaient partagés : « *Al Bisbe* à l'évêque) *las doas partz, el vescom* (au vicomte) *la tersa.* »

(2) La seigneurie du Castelviel avait été cédée anciennement, comme fief *rendable* à première réquisition, à la famille des *Frotiers*, et les *Froterii* sont désignés dans les chartes pour les seigneurs du Castelvieil (1177). Cette explication est nécessaire à l'intelligence du texte sur le partage de juridiction : « Dixit etiam Guillelmus quondam Albiensis episcopus quod *Froterii* habebant clamores in Albia de pignoribus, de debilis, de injuriis, de terris, si primo veniret clamor ad *Froterios, exceptis hominibus episcopi* , et exceptis criminibus et sanguinis

Quant au droit général qui régissait, avant la conquête
de Simon de Montfort, le territoire de l'Albigeois, il avait
les caractères principaux du droit toulousain. La liberté
des héritages existait d'après les maximes romaines ; la
seigneurie féodale devait être prouvée par titre ou par reconnaissance, conformément à la règle du franc-alleu (1).
La liberté des personnes était déclarée et protégée, au
nom de la cité d'Albi, en faveur de ceux qui abandon-
naient leur seigneur et sa terre, et venaient s'établir dans
les limites ou la *Dex* d'Albi, expression qui se retrouve
dans les anciennes coutumes de Toulouse et les *fors* du
Béarn (2).

En traitant, dans un premier mémoire, des coutumes

effusione et furtis et adulteriis. (Année 1229. — *Hist. du Languedoc*, D. Vaissette, t. 5; preuves, n° CLVII, p. 662, édition
du Mège.)

La charte de 1177 sur les Frotiers porte : « Ego Guilhelmus
Froterii et ego Paganus filius Berengeriæ, juramus tibi Domino
Rogerio vicecomiti.... Castrum vetus Albiè et forcia..., turres
scilicet.... quoties quod castrum vetus et alia forcia, nocte vel
die, recipere volueris, statim sine omni mora in tua potestate
mittemus. (Documents inédits, n° I, p. 140.) »

(1) Charte de 1220, disposition qui se rapporte aux temps
antérieurs : « Item dixerunt quod nec episcopus, nec alius Dominus habuisset *quistam*, *toutam*, *albergam* seu segujium,
temporibus retroactis. (Documents inédits, p. 144, 147, n° IV.)

(2) Si quis habens dominum et terram suam domino a quo
extra tenebat derelinquens, apud Albiam se transferret, quod
communitas ville predicte eum possit deffendere de dominio, infra limites Albie cum omnibus rebus suis (Charta 1220. — Documents inédits, *ibid.*, p. 148.)

Le texte roman dit Deins los *Dex* d'Albi;

de Toulouse (1), nous avons dit qu'au moyen-âge un obstacle s'éleva, dans une partie du Languedoc (2), contre le principe de l'allodialité, si cher au pays. Cet obstacle fut l'établissement des lois de Simon de Montfort.

Le moment est venu de mettre ces lois en évidence et de les apprécier dans leurs effets juridiques sur les coutumes du pays.

La coutume de Toulouse (rédaction de 1285) de terminis seu *Dex* Tolosæ (f° 68, Casaveteri 1544) ;

Les fors de Béarn, Rub. de test., art 1, p. 81, édit. 1602 (rédaction 1551), disent : *Decxs de Juradie*, pour district ou limites de jurade ou juridiction.

(1) *Mémoire sur les anciennes coutumes de Toulouse*, p. 41 (1855).

(2) Je me sers de cette dénomination pour éviter les équivoques, bien que l'expression, la langue d'Oc, n'ait été appliquée au pays que vers le xive siècle, ainsi que le reconnaît D. Vaissette, et que j'en ai fait la remarque, *Hist. du droit français*, t. IV, liv. V, p. 386.

§ II.

Lois de Simon de Montfort.

La croisade contre les Albigeois fut la lutte terrible et victorieuse du catholicisme et de la féodalité du Nord contre l'hérésie et les provinces du Midi. L'intérêt de la religion avait conduit saint Bernard, dès l'année 1147, dans le comté de Toulouse, pour y combattre par ses prédications l'hérésie du moine Henri, disciple et successeur de Pierre de Bruys, qui s'élevait contre le baptême, les sacrements, et voulait transformer l'église en synagogue, selon l'expression de saint Bernard lui-même, et faire *des chrétiens sans Christ* (1). Le concile de Lombers, ville à quatre lieues d'Albi, condamna, en 1165, l'hérésie locale qui, depuis cette époque, a reçu la dénomination d'*hérésie des Albigeois.* Une sentence rendue, en 1204, par les légats convoqués à Carcassonne, attesta que les accusés d'hérésie avaient nié la divinité de Jésus-Christ, en disant « qu'il avait un homme pour père comme une femme pour mère. » Le texte de la sentence porte ex-

---

(1) S. Bernardi epistola 241, de Henrico, Petri Brusii heretici successore ; et Epist. 242 *ad Tolosanos* post reditum :

« .... Quæ mala fecit quotidie Henricus hæreticus ?

« Ecclesiæ synagogæ reputantur, sanctuarium Dei sanctum esse negatur; Baptismi negatur gratia ; sacramenta sacra non censentur ;.... sacerdotes sine debita reverentia sunt , et *sine Christo denique Christiani.* »

(S. Bernardi opera omnia, Ed. Mabill., 1690, I, 237. — De Brusio, *Baronnius,* ad ann. 1126.)

pressément : « *Confessi sunt Jesum Christum ita hominem patrem habere, sicuti et feminam matrem* (1). »

Le pape Innocent III, en ordonnant la croisade de 1208, soixante ans après les prédications de saint Bernard, défendait donc, avec un glaive autre que celui de la parole, le même intérêt que l'apôtre du XIIe siècle. Il avait pour but de protéger la foi contre le manichéisme et contre une hérésie radicale, menaçante, opiniâtre, qui ne trouvait dans les comtes de Toulouse qu'une opposition molle et indécise (2).

Mais l'ambition des seigneurs du Nord, qui s'attachèrent à la fortune de Simon de Montfort, se couvrit de l'intérêt religieux; et le désir de conquérir des fiefs se mit à découvert, quand vint le moment de partager les fruits de la victoire : quatre cent trente-quatre fiefs furent distribués par Simon de Montfort, maître du pays, aux barons de France et aux chevaliers qui l'avaient accompagné.

Tel était cependant l'empire du principe d'hérédité en matière féodale, que, bien que Montfort eût été déclaré par le légat du pape et de l'avis des prélats et barons, seigneur de la terre conquise (3), et qu'il eût pris, en

(1) Documents inédits, Sentence, p. 227. — Voir aussi deux textes de 1250 et 1254 édités par M. Belhomme dans son *Mémoire sur les hérétiques dits Bonshommes. (Confessio Guilhelmi Conversi.)*

(2) Dès le commencement du XIe siècle, le Midi avait été infecté de l'hérésie dite des *nouveaux Manichéens*; le concile d'Orléans de 1017 en condamna treize au feu. De même à Toulouse, en 1022, il y eut condamnation et exécution, suivant la chronique d'Adhémar et Glaber, liv. 3, fragment d'histoire d'Aquitaine. (V. Pierre de Marca, *Hist. du Béarn*, p. 238, n° IV.)

(3) Fuit inter prælatos et barones tractatus habitus per lega-

conséquence, le titre de *Vicomte de Béziers et de Carcassonne*, *seigneur du pays d'Albi et de Rodez*, il sentit le besoin de joindre une autre qualité à celle qu'il tenait de la conquête; et il se fit conférer, au mois de juin 1211, sous un simulacre de donation entre vifs, par Raymond de Trencavel, de l'ancienne famille des vicomtes d'Albi et de Béziers (1), les droits qui lui appartenaient ou devaient lui appartenir, par succession paternelle et maternelle, dans les vicomtés de Béziers et de Carcassonne, en Albigeois et dans les pays de Rodez et d'Agde (2). Et puis Montfort se qualifia, dans l'année 1212, vicomte et seigneur *par la providence de Dieu, et Dei providentia* (3).

C'est aussi en 1212 qu'il donna au pays conquis les lois connues sous le nom de *Lois de Simon de Montfort*. Ces

tum qui terram acquisitam mereretur et insisteret acquirendæ. (Guill. de Puylaurens, chapelain du dernier comte de Toulouse, historia, c. IV).

(1) Roger de Trencavel, l'un des membres de cette famille, avait été héritier testamentaire, en 1150, de Roger son frère, vicomte de Béziers, pour toutes ses possessions : *totum honorem* (Thes. anecd., P. Martene, I, p. 410, et Brussel, *Usages des fiefs*, II, p. 852).

(2) Le titre de donation est rapporté par Galland dans son livre contre le *franc-alleu du Midi* (1629-1637). Plus tard, saint Louis reçut la cession des droits de Trencavel, vicomte de Béziers, moyennant 500 livres de rente annuelle. (M. Mignet, *Formation territoriale*, Notices II, p. 168.)

Beaudoin fit hommage à Montfort des terres qu'il possédait dans le Quercy et qu'il tenait du comte de Toulouse son *frère*. (Lafaille, Annales, 1ᵉ partie, I, p. 114.)

(3) Cette expression se trouve dans la donation de domaines au profit de l'évêque. (V. infra, § 4.)

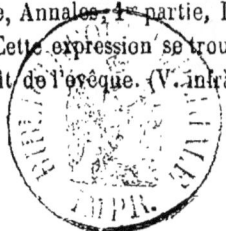

2

lois furent trouvées dans les archives de Carcassonne par Galland, avocat du domaine ; il les tira d'un registre intitulé *Arca Franciæ*, et les publia en 1629 dans la première édition de son livre *contre le franc-alleu sans titre, prétendu par quelques provinces au préjudice du Roy.*

Comme maître de l'Albigeois et des autres contrées où il avait porté la guerre, sauf Toulouse et son territoire dont il ne fut déclaré comte qu'en 1214 (1), Simon de Montfort, pour régir ses possessions, fit deux actes, qui sont compris sous le titre de Lois et datés du 1er décembre 1212. L'un est un acte de *législation générale*, pour l'utilité de tous ses sujets. — L'autre est un acte de *convention féodale* avec les barons de France qui l'avaient suivi. La distinction entre ces deux documents est essentielle pour en déterminer le caractère et les effets.

Par le premier, Montfort imposa au pays vaincu les usages de France, selon la *coutume de Paris*, et spécialement en matière de succession, tant pour les barons et chevaliers que pour les bourgeois et les rustiques : *Ad consuetudinem vel secundum morem et usum Franciæ circa Parisium, tam inter barones et milites quam inter burgenses et rurales* (2). La législation nouvelle fut, comme on le voit, applicable à toutes les classes de personnes ; et la loi de succession, sur laquelle repose la constitution *réelle* de la famille, était empruntée à l'usage de France.

(1) Il fut déclaré comte par le concile de Montpellier et confirmé par le concile de Latran : *Innocente Papa procurante et Philippo concedente.* (Lafaille, Annal., p. 119, et Franc-alleu, p. 107-212, 1re édition.) — Quant à son serment, V. mon *Mémoire sur les anciennes coutumes de Toulouse,* p. 41, et dans Lafaille, *pièces justificatives,* p. 124.

(2) Franc-alleu, p. 216-227, édit. 1629.

Le vainqueur établit formellement que « chacun ne pour-
« rait plus léguer que la *cinquième partie* de ses propres,
« et qu'en toute hérédité les héritiers seraient tenus
« d'observer la coutume de Paris. »

Par le second acte, il régla les rapports du nouveau
comte avec les barons de France et les autres seigneurs
auxquels il avait distribué des terres.

Dans cette convention, la clause d'hérédité, selon l'u-
sage de France, fut reproduite. — Mais on stipula ensuite
expressément et en dehors de la coutume de Paris, que
« nul baron, chevalier ou autre seigneur de cette terre ne
recevrait *le duel en sa cour pour cause aucune*, si ce n'est
pour cas de trahison, vol, rapine ou meurtre : » disposition remarquable sur l'abolition du duel judiciaire, *en
matière civile*, qui précéda de soixante ans environ les
Établissements de saint Louis.

Les circonstances belliqueuses, dans lesquelles furent
portées les Lois de Simon de Montfort. devaient se faire
sentir dans l'organisation féodale et lui imprimer un caractère de féodalité militaire. Aussi les fiefs possédés, soit
par les seigneurs indigènes, soit par les chevaliers français, furent soumis, dans l'acte de législation générale, à
une discipline militaire et rigoureuse. Les infractions aux
devoirs féodaux étaient punies soit par la saisie d'une
partie des revenus ou celle des biens mobiliers, soit même
par *la révocation du fief* (1).

La nature distincte et l'esprit des deux actes qui consti-
tuent les Lois de Simon de Montfort étant réconnus, nous
allons rechercher quelle fut l'influence réelle et quel fut
le sort des lois importées par le vainqueur en Albigeois.

---

(1) « Poterit terram eorum Comes recipere in manu sua et
inde facere libere voluntatem suam. (Gallaud, p. 218.) »

§ III.

Simon de Montfort qui avait reçu de la conquête et de
la donation de 1211 le titre de vicomte de Béziers et de
Carcassonne, des conciles de Montpellier et de Latran,
ainsi que du pape Innocent III et de Philippe-Auguste,
en 1214, le titre de comte de Toulouse, mourut en 1218
sous les murs de cette ville fidèle à ses princes. Son fils
aîné, Amaury de Montfort, ne put soutenir la lutte contre
les forces du comte Raymond, et, vers l'an 1222, il déclara
remettre entre les mains du roi de France toutes les terres
confisquées sur les Albigeois et leurs adhérents, heureux
de recevoir en échange la charge de connétable. La
cession de 1222, faite en faveur du fils de Philippe-Auguste, fut confirmée en 1229 au profit du roi Louis IX, et
de là date la réunion de l'Albigeois à la couronne. Amaury
avait un frère plus jeune, Philippe de Montfort, qui ob-
tint du roi, à titre de don et de fief, certains domaines qui
avaient fait partie de la conquête de son père et qui
étaient situés entre Albi et Carcassonne. L'hommage qu'il
en fit au roi donateur, en l'année 1229, contient comme
devoir de fief le service seulement de dix chevaliers (1).
L'héritier de Montfort, le fils aîné, ne conserva donc

(1) L'acte d'hommage rappelle que le don de la terre située
dans le diocèse d'Albi a été fait avec tous les droits royaux et
tous autres droits que le roi et les seigneurs y doivent avoir.
(Galland, p. 112.)

point sa conquête ; et son fils puîné ne fut, en définitive, qu'un baron de France, à raison de la concession faite par le roi d'un fief situé dans le diocèse d'Albi.

Ici se vérifie l'importance de la distinction que nous avons indiquée plus haut entre les deux actes de 1212.

Le roi, au pouvoir duquel Amaury avait remis le territoire conquis par son père, représentait Simon de Montfort comme ayant figuré dans la convention féodale avec les barons et chevaliers français ; et la soumission conventionnelle aux usages de France fut maintenue comme obligatoire contre les seigneurs ou leurs descendants par le parlement de Paris : un arrêt de 1301, consigné dans les *Olim* et d'autres arrêts semblables du XIV° siècle, firent l'application constante de ce point de jurisprudence féodale (1).

Mais il n'en fut pas ainsi des lois générales imposées par le conquérant. Ces lois établies par la force n'avaient aucun caractère de contrat ; elles étaient odieuses aux indi-

_____

(1) *Olim,* tome 2. V. l'arrêt de 1301, in parlam. omnium sanctorum, n° VII, p. 454. « Dicens quod Bona dicte successionis erant de conquestis factis per quondam comitem Symonem de Monte-forti, et quod hujusmodi Bona censeri et deduci debebant in particionibus et successionibus, *non secundum jus scriptum, sed ad usus et consuetudines francie, juxta Parisiis.* (Arrêt conforme.) — Des lettres-patentes de Philippe le Bel relatives à Eléonore de Montfort, du pays des Albigeois, adressées au maréchal de Carcassonne, constatent la même règle (sous la date de 1300, d'après Galland, p. 121). Voir aussi des arrêts de 1317, 1327, 1349, 1371, rapportés par Galland, et une indication de l'an 1277, donnée par D. Vaissette, tome 6, page 193, n° XLIV, d'après les mss. de Baluze.

gènes, nobles, bourgeois ou roturiers; elles n'avaient pas eu le temps d'entrer dans les mœurs du pays, et les anciennes coutumes devaient promptement reprendre leur empire : c'est ce qui arriva.

On en trouve la preuve irrécusable dans l'accord passé, en 1220, entre l'évêque, les consuls et la communauté d'Albi, huit ans après les lois de l'an 1212, deux ans seulement après la mort de Montfort.

Deux années à peine, en effet, s'étaient écoulées depuis la chute du conquérant, et l'évêque d'Albi, les consuls, les prud'hommes de la cité, enquête faite des anciennes libertés et coutumes, reconnaissaient, *au nom du peuple*, et consignaient par écrit, en langue latine et en dialecte méridional, les franchises et les coutumes de leurs ancêtres : admirable mouvement d'un peuple qui revient à lui-même et à ses usages, dès que le joug de l'étranger a cessé de peser sur sa tête ! La charte originale, en rouleau de parchemin, est déposée encore aux archives de la mairie d'Albi (1); elle est restée inconnue au domaniste Galland. Et cependant ces coutumes authentiques, impli-

(1) C'est sur la charte originale que le texte roman et le texte latin ont été copiés par M. Compayré. — Documents inédits, p. 144, n° IV (Voir aussi le recueil de M. Giraud, p. 84):

« Aisso es la compositio qui fo facha ab Mosseinher Guilhem Peire, avesque d'Albie, et ab los Cossols et ab la universitat dels prohomes d'Albi. »

Même charte en latin dans le recueil de M. Compayré, p. 147:

« Et demum inquisito per predictos ab hominibus antiquis civitatis Albie qualiter libertates, et consuetudines steterant antiquitus et cum eorum *antecessoribus*, omnes concorditer dixerunt.... »

citement approuvées et reconnues au moyen-âge par les rois de France, renversaient tout son système sur la prétendue permanence des Lois de Montfort. Le premier article a précisément pour objet de rétablir le droit absolu de disposer par testament, qui avait été aboli ou du moins réduit à la cinquième partie des propres par les lois générales de l'an 1212, conformément à la coutume de Paris : « Tout homme et toute femme de la cité d'Albi, « naturel du pays ou non (disent les coutumes de 1220), « dans la ville ou hors la ville, peut de quelque manière « qu'il le veuille, faire son testament ou ordonnance de « dernière volonté; et s'il meurt sans testament ou dispo- « sition dernière de ses biens, que son *hérédité* appar- « tienne au plus proche dans sa parenté, auquel elle est « dévolue par droit ou par coutume (1). » C'est l'abolition complète du système de succession imposé par la loi du vainqueur. D'autres coutumes et franchises furent rétablies par ce retour spontané aux mœurs du pays, notamment la condition libre des personnes et des propriétés; et une clause générale, à la fin de la charte, fai-

---

(1) « Quod omnis homo et mulier de civitate Albie oriundus, vel naturalis sive non naturalis, faciens testamentum seu ordinamentum rerum suarum, quod liberaliter tenementum habeat et etiam firmitatem sine scambiamento quod Dominus facere non possit; fecerit, inquam, testamentum hujusmodi *infra* villam Albie sive *extra*, cujuscumque officii sive modi existat dividens de hujusmodi rebus suis. Si vero intestatus decederet, sive sine ordinatione, quod res et hereditas ejusdem decedentis essent proximioris ipsius decedentis in parentela, cui jure seu consuetudine debebant pervenire (Documents inédits, p. 147-148). »

sait revivre le passé tout entier, car il est dit « que les
« autres bonnes coutumes de la ville d'Albi, non écrites,
« auront leur force et devront être observées comme
« par le passé : — *Quod alie bone consuetudines ville*
« *Albie, non scripte, haberent vim et sicut in antea observa-*
« *rentur* (1). »

Ainsi les lois de Simon de Montfort, imposées au temps
de la conquête, ne pouvaient être invoquées comme une
loi vivante et absolue dans la grave controverse que le
domaniste Galland soutenait, du reste, avec beaucoup de
talent, contre le franc-alleu du midi (2). Les maximes de
liberté qui avaient régi le midi de la France et spécialement
la province d'Occitanie, avant et après la guerre des Albigeois, ne pouvaient pas être anéanties, dans les temps modernes, par la production de deux titres bien différents
par leur nature , et arbitrairement confondus en un seul.
Comme législation générale du pays, les Lois de Simon
de Montfort, exhumées des archives de Carcassonne,
étaient une lettre morte qui avait été condamnée à l'oubli
dès les premiers temps du XIIIᵉ siècle par les autorités
légitimes du pays et par la conscience publique. Vouloir,
au XVIIᵉ siècle, leur donner une vie nouvelle et ré-
troactive qui aurait effacé la pratique des quatre siè-

____

(1) La date de la charte est ainsi établie : « Anno Incarnatio-
nis Christi MCCXX, regnante Philippo rege Francorum scilicet XVIIᵒ id. maii. »

(2) On doit reprocher à Galland de n'avoir pas étudié les
textes qui étaient contre sa thèse. Catel, dans son histoire des
comtes de Toulouse, avait donné un *texte français* qui diffé-
rait beaucoup du texte original et qui était sans autorité historique.

cles précédents , c'était singulièrement abuser de la faculté qu'exerçaient les officiers du domaine de rechercher et de revendiquer les biens, droits et titres de la couronne.

Toutefois, la découverte des Lois de Simon de Montfort, indépendamment de son intérêt historique, n'était pas sans valeur pratique pour éclairer sous un certain rapport, même dans les temps modernes, la jurisprudence féodale.

Avec le titre conventionnel passé entre Simon de Monfort et les barons ou chevaliers français, en 1212, l'avocat du domaine expliquait dans le passé, justifiait aussi dans le présent l'ancienne jurisprudence du parlement de Paris : il démontrait avec certitude que, dès l'origine et par l'effet d'une convention formelle, les règles de la coutume de Paris sur les fiefs avaient été attachées aux concessions féodales faites par Simon de Montfort en faveur des seigneurs français ; et que le roi, comme représentant légal du concédant originaire, pouvait exiger, à juste titre, et d'après la coutume de Paris, les droits féodaux et casuels sur les fiefs concédés en Albigeois.

Mais là s'arrêtait la conséquence logique et légitime du contrat féodal de l'an 1212. Quant à la loi générale, promulguée par le vainqueur pour le pays conquis, elle avait cessé d'être avec le fait de la conquête ; et les anciennes coutumes du pays, quelques années suspendues ou comprimées, avaient repris leur force et leur application. L'erreur du domaniste, qui n'a pas été relevée, était donc de vouloir faire revivre pour le tout les actes du 1er décembre 1212, confondus à tort sous la dénomination de *Lois de Simon de Montfort*. Galland avait démontré sa thèse en ce qui concernait les 400 fiefs concédés aux

barons de France ; ils étaient et devaient être soumis aux
règles féodales de la coutume de Paris qui formait la loi
du contrat. Mais il ne pouvait établir solidement et justi-
fier sa thèse générale que les pays d'Albi, de Rodez, de
Béziers et de Carcassonne eussent suivi, depuis la conquête
de Montfort, la coutume de Paris *comme droit commun* :
les anciennes coutumes, renouvelées par celle de 1220 et
rappelées par les titres postérieurs, protestaient contre sa
prétention d'assujétir tout le pays à la maxime de Paris
Nulle terre sans seigneur. La maxime du franc-alleu *Nul
seigneur sans titre* avait repris son empire dans les coutumes d'Albi, dès que l'épée de Monfort avait cessé d'être
levée sur l'Albigeois ; et le franc-alleu, comme *droit commun*, ne pouvait pas être disputé à ces contrées avec plus
de justice qu'aux autres régions du Languedoc où l'esprit
du droit romain s'était perpétué dans les mœurs.

Nous avons déterminé l'effet réel et juridique des lois
de Simon de Montfort et marqué la distinction nécessaire
entre les actes qui les composent. Nous devons étudier
maintenant les coutumes albigeoises, depuis la fin des
guerres religieuses et la réunion du pays à la couronne (1).

(1) Amaury de Montfort avait voulu, dès l'année 1218,
immédiatement après la mort de son père, céder au roi le territoire de l'Albigeois et des pays voisins ; et le légat du pape,
ainsi que les évêques de Lodève, de Maguelonne, de Béziers et
d'Agde, se joignirent à lui pour que le roi voulût bien *terram
recipere, et heredibus suis in perpetuum quam tenuit vel
tenere debuit ipse vel pater suus in partibus albiensibus et sibi
vicinis.* (Epist. Déc. 1219). — L'offre ne fut pas alors acceptée.
La première cession faite par Amaury, en 1222 (datée de fé-

§ IV.

La guerre des Albigeois, loin d'affaiblir le pouvoir de l'évêque, l'avait fortifié comme puissance territoriale, et l'avait étendu, sinon fortifié, comme pouvoir de juridiction :

Comme puissance territoriale, par des concessions de châteaux et de domaines, émanées de Montfort et confirmées ensuite par les rois (1) ;

vrier 1223), eut lieu en faveur de Louis, fils de Philippe-Auguste, et depuis Louis VIII. Ce roi l'accepta en 1226 ; mais elle fut solennellement confirmée en avril 1229, dans les premières années du roi Louis IX et sous la régence de Blanche de Castille. C'est l'époque légale de la réunion.

V. *Hist. des Albigeois*, p. *R. P. Benoist*, publiée en 1661 (Preuves, t. 2, p. 316).

(1) Documents inédits, p. 228, n° LV, ann. 1212. — Donation par Montfort des châteaux et terres de Marsac et de Rouffiac ; confirmation par Philippe III en 1277. C'est dans cet acte que Montfort prend le titre de comte et seigneur *Dei providentia :*

« Simon, comes Lectricensis, dominus Montisfortis, *Dei providentia* Bitterensis et Carcassonensis vice-comes, presentes litteras inspecturis salutem in Domino : universitati vestre notum facimus quod nos venerabili et dilecto patri nostro Guillelmo episcopo Albiensi et omnibus episcopis Albiensibus successoribus suis damus et concedimus castella de Roffiaco et de

Comme puissance de juridiction spirituelle et temporelle, par l'établissement de l'inquisition. Celle-ci fut
organisée, en 1229, par le concile de Toulouse, et confiée
par le pape Grégoire IX (1233) aux frères-prêcheurs ou
dominicains. Les *Inquisitores hereticæ pravitatis* avaient
leur principal siége à Toulouse pour les villes et terres
du comté, et ils y étaient institués par l'autorité aposto-
lique (1). Mais deux inquisiteurs avaient leur résidence
à Albi et recevaient des commissions de l'évêque (2). La
confusion des pouvoirs spirituel et temporel reçut de cette
institution un caractère tellement dangereux, que plusieurs fois des révoltes éclatèrent à Albi, notamment en
1302, en 1308; que le pape Clément V chargea des
cardinaux de faire enquête des faits graves, des rigueurs

Marsaco *cum pertinentiis* eorumdem, salvis regalibus nostris
in perpetuum a nobis et heredibus nostris tenendis, ita quod
quando episcopus decesserit nos predicta castra cum pertinentiis
in manu nostra teneamus quoadusque alius episcopus substi-
tuatur et tunc eidem predicta castra cum pertinentiis reddemus;
idem vero episcopus et sui successores nobis et heredibus nostris tenentur esse fideles. Quod ut ratum sit presens scriptum
sigilli nostri munimine confirmamus. Datum Albie anno Domini
MCCXII, tertio nonas aprilis. »

(1) Docum. inéd., p. 234. — In civitatibus et terris nobilis
viri comitis Tholosani, auctoritate apostolica deputati.

(2) Voir dans les Documents inédits, n° LIX, p. 234, une
commission donnée par l'évêque Bernard en 1255 : « Bernardus,
permissione divina episcopus Albiensis : Discretioni vestræ ple-
nam in Domino fiduciam habentes *vobis duximus concedendum*
ut in diœcesi Albiensi possitis, etc.... Datum Galliaci anno
1255. »

excessives imputées aux frères inquisiteurs (1), et que les citoyens en grand nombre cherchèrent leur refuge dans la juridiction royale en s'organisant, avec l'appui des consuls et l'assentiment du roi, en *confrérie* de *Saint-Louis*.

Ici, nous rechercherons seulement l'état régulier et les relations ordinaires des différents pouvoirs dans l'intérieur de la cité, après la réunion de l'Albigeois à la couronne ; nous dirons aussi quelque chose de cette confrérie de Saint-Louis qui se rattachait à l'institution municipale, et se mit en opposition avec le pouvoir temporel de l'évêque.

Dans l'état habituel, l'évêque est le véritable seigneur de la cité. Une charte de décembre 1264, consentie à Paris sous forme de transaction, détermine la véritable situation des choses entre l'évêque d'Albi et le roi de France considéré comme successeur du vicomte. Nous avons les deux textes en latin et en langue romane, promulgués au nom du roi saint Louis ; je les traduis ici à cause de l'importance du titre (2) : « Louis, par la grâce « de Dieu, roi des Français, faisons savoir à tous, tant « présents qu'à venir, que comme une question s'était « élevée entre nous et notre amé, Bernard, évêque d'Albi, « sur le droit et la juridiction concernant la cité... Nous « sommes venus à composition amiable sur ladite ques- « tion, ainsi qu'il est contenu aux présentes : C'est à « savoir que pour Nous et nos successeurs les rois de « France, Nous accordons et consentons que l'évêque

(1) Documents inédits enquête de 1306, p. 240, n° LXV.
(2) Documents inédits, p. 150, n° VI. Dans le texte roman il y a *Rei de Fransa* ; dans le texte latin , *Francorum Rex*.

« d'Albi, ou ses successeurs, exerce et possède en paix et
« sans trouble, comme sienne, la haute justice de la cité
« d'Albi (1), en matière de crimes, d'effusion de sang,
« de vol, d'adultère ; et, de même, en ce qui concerne la
« fidélité des hommes de la cité, la garde des clefs de la
« ville et les jugements des hérétiques ou apostats (2).
« A Nous et à l'évêque d'Albi reste *en commun* dans ladite
« cité, la justice des causes moyennes (3), qui fut autrefois
« commune entre l'évêque et le seigneur du Castel-
« vieil (4). La juridiction qui sera saisie la première par
« les plaignants ou litigants connaîtra desdites causes
« moyennes. Si donc ils vont d'abord à l'évêque ou à son
« bailli, l'évêque seul ou son bailli pourra en connaître ;
« et *vice versa*, si l'on vient d'abord à Nous, ou à notre
« bailli, nous seul ou notre bailli connaîtrons du litige ;
« et si les parties vont en même temps à l'évêque ou à son
« bailli, à Nous ou à notre bailli, *nous en connaîtrons en-
« semble*. De cette justice des causes moyennes, Nous, ou
« les rois de France nos successenrs, ne serons pas tenus
« de faire *aveu* et *reconnaissancé* à l'évêque d'Albi ou à
« ses successeurs, et nous la tiendrons comme de notre
« main et puissance. Mais s'il arrivait que Nous, ou nos
« successeurs les rois de France, mettrions hors de notre
« main les droits susdits qui furent ceux des seigneurs du
« Castelvieil dans la cité d'Albi, celui ou ceux qui possè-
« deraient lesdits droits les tiendraient de l'évêque d'Albi

(1) Majorem justitiam civitatis Albiæ.
(2) Incurrimenta hœresum et *faidimentorum.*
(3) Minorum clamorum.
(4) Le texte dit les *Froterii*, c'est-à-dire les seigneurs du
Castelvieil qui venaient de la famille des *Frotiers.*

« et de ses successeurs, et seraient tenus de lui faire hom-
« mage à cet égard.

« En outre, le bailli royal (ou viguier) qui sera commis
« par Nous ou nos successeurs dans la cité d'Albi devra,
« lors de son entrée dans la ville, jurer, en présence de
« l'évêque ou de son représentant, qu'il n'usurpera point
« les droits de l'évêque et de l'église, qu'il ne diminuera
« point sa justice et ne permettra pas qu'elle souffre
« atteinte de lui ou de ceux de sa famille. »

Ainsi la charte de 1264 reconnaît, entre le roi successeur des vicomtes et l'évêque d'Albi, le droit *d'égale juridiction* en matière civile, et le droit réciproque de pré-
vention en faveur du premier saisi, qui devient le juge
légitime; de plus, elle reconnaît le droit de haute justice
ou de justice criminelle en faveur de l'évêque seul.

Mais l'exercice de cette dernière prérogative fut tem-
péré, dans les coutumes albigeoises, par une institution
qu'on ne peut s'empêcher d'admirer, et dans laquelle on
reconnaît un jury d'accusation et un jury de jugement.

La cour temporelle de l'évêque, appelée la *cort seglar*
(séculière), se composait d'un régent ou bailli, premier
officier du prélat, d'un juge, d'un procureur, d'un lieute-
nant. Mais lorsque le crime pouvait entraîner *peine de
sang,* la justice était rendue par *vingt jurés,* dans les
formes établies par un accord passé en 1269, sur com-
promis entre l'évêque et son église, d'une part; les consuls
et la communauté d'Albi, d'autre part (1).

Voici les deux dispositions qui concernent l'accusation
et le jugement :

1re *Disposition.* « Sur crime qui emporte *peine de sang*

(1) Documents inédits, charte de 1269, p. 158, no VII.

« une enquête devra être faite par le bailli de l'évêque.
« Toutefois, le bailli sera tenu d'appeler *deux*, *trois*
« prud'hommes, *ou plus*, de la ville d'Albi, en présence
« desquels l'information aura lieu. Ils *jureront* que jus-
« qu'au jour du jugement ils ne révèleront aucune chose
« entendue dans l'enquête. » (On sait qu'en Angleterre le
grand Jury ou le Jury d'accusation fait serment aussi de
garder le secret de l'enquête) (1).

C'est d'après les résultats de cette information que le
prévenu était accusé.

2° *Disposition.* « Pour juger l'accusé, qui est présumé
« avoir commis le crime, le bailli sera tenu d'appeler des
« prud'hommes de la cité au *nombre de vingt*, ou plus,
« lesquels *seront choisis* parmi ceux qui ne seront amis ni
« ennemis du malfaiteur à juger. L'enquête étant lue
« devant eux et la déclaration de l'accusé entendue (avec
« celle de ses témoins, sans doute), le bailli demandera à
« chacun des prud'hommes si le malfaiteur présumé doit
« être absous ou puni ; en cas de condamnation, *quelle*
« *peine* devrait lui être infligée. Alors, le conseil de l'ac-
« cusé devra être entendu. Le bailli sera tenu de juger
« conformément à l'avis de la majorité.

« Si tous ou quelques-uns des appelés ne veulent venir
« ou répondre pour le jugement, le bailli convoquera
« d'autres citoyens non suspects, comme il est dit ci-
« dessus, jusqu'à ce que le nombre de vingt soit com-
« plété.

« Que si ceux appelés de la ville ne veulent assister au
« jugement, ou, présents, ne veulent répondre, le bailli

(1) *Philipps*; des pouvoirs et obligations des jurys, ch. III,
p. 355.

« pourra convoquer des personnes du dehors qu'il croira
« non suspectes, et il sera tenu de juger et prononcer, de
« l'avis de la majorité.

« Puis il *mandera* ou fera mander à fin d'exécution de
« la sentence, comme il est accoutumé de le faire. »

La déclaration de chaque juré devait être faite *publique-
ment* ; mais un siècle après la charte de 1269, une modi-
fication grave fut apportée au vote des jurés. Une transaction de 1374 entre l'évêque et les consuls statua qu'à
l'avenir le *vote serait secret* (1). Et ainsi, du XIIIe au XIVe
siècle, s'était déjà accompli dans la cité d'Albi ce change-
ment, que nous avons vu se produire dans le jury français
du XIXe siècle, qui a passé, en 1835, du vote public au
vote secret : tant le mouvement des idées, des besoins, des
institutions se ressemble quelquefois dans la vie des
petites cités et des grandes sociétés ! Ce qui ne pouvait

---

(1) Documents inédits, n° XXIV, p. 194. — Il y a une sentence très-étendue rapportée dans le même recueil, p. 177,
n° XV· *bis* ; c'est une sentence d'absolution dont la formule est
remarquable, année 1411 :

« Signantes nos siguo S. Crucis in nomine patris, etc....

« Habitoque super præmissis consilio proborum virorum juxta
tenorem et mentionem consuetudinis civitatis, consiliumque
dictorum procerum *in hac parte sequentes*, et habito etiam
super his cum peritis consilio et tractatu, te dictum perventum
(*prévenu*) a tibi per curiam præsentem impositis, modo quo im-
posita sunt et fuerunt, sententialiter et definitive absolvimus ac
te et cautiones tuas relaxamus, nostram præsentem sententiam
deffinitivam et absolutoriam in his scriptis proferentes, *more
majorum nostrorum* et in hoc solio pro tribunali sedentes,
Judex. »

pas se produire au XIIIᵉ siècle, c'était la séparation du fait et du droit pour l'application de la peine. La loi pénale était trop imparfaite au moyen-âge pour qu'il y eût une peine stipulée d'avance pour chaque nature de délit. Le code pénal était dans la conscience du jury ; la justice, selon la conscience *individuelle*, suppléait à l'absence de la justice *légale* ; elle est quelquefois plus conforme à l'idée vraie de la justice (1) : et, de nos jours, malgré les efforts de la loi, la prudence des magistrats et la place laissée aux appréciations intimes par les faits d'excuses et les circonstances atténuantes, la conscience du jury tente encore de ressaisir, en plusieurs cas, son ancienne et complète souveraineté.

Certaines peines cependant étaient reconnues et prescrites par les anciennes coutumes d'Albi.

En cas d'adultère, par exemple, les deux complices devaient être promenés tout nus et fustigés par les rues (d'après la charte de 1220), s'ils n'aimaient mieux composer avec le seigneur évêque (*se accordar no's volio ab lo seinhor Bisbe*) ce que, sans doute, ils ne manquaient pas de faire (2).

En cas d'homicide, la confiscation de corps et de biens était prononcée en faveur du seigneur évêque, d'après la même charte (3).

---

(1) M. Ch. de Rémusat en a fait l'observation dans son livre sur la *procédure par jurés*, publié en 1819 et très-remarqué alors des publicistes et des criminalistes.

(2) Docum. inédits, p. 146-149, nᵒ IV.

(3) Docum. inéd., p. 149. Charte de 1220, texte latin : « Quod omnis omicida et corpore et rebus suis Domini episcopi sit causimento. »

En cas d'hérésie, la condamnation emportait confiscation de biens contre les hérétiques et les foi-mentis, *faidimentores* : mais les confiscations devaient être partagées par moitié entre l'évêque d'Albi et le roi; et l'on comprenait sous le nom de *faidimentores* tous ceux de la cité qui s'étaient opposés ou s'opposeraient par la guerre à l'église universelle et au roi de France (1).

Les confiscations sur les hérétiques donnèrent lieu, du reste, dans la charte de 1264, à des dispositions extraordinaires et qui méritent d'être mentionnées.

Une enquête dressée par le sénéchal de Carcassonne, en 1252, constatait que les hérétiques alors condamnés dans la ville d'Albi, s'élevaient à plus de soixante, et que leurs biens étaient estimés à dix mille livres tournois (2). Les condamnations se multiplièrent depuis cette époque, et les évictions de biens non-seulement atteignirent les hérétiques, mais encore ceux de leurs parents qui, dans le passé, avaient reçu des concessions de l'évêque : ces concessions de biens étaient révoquées.

Le roi, d'après le titre de 1264, avait droit au partage des confiscations et révocations de tout genre (3); mais il

(1) Et intelligitur de faidimentis illorum faiditorum qui fuerunt et erunt faiditi a civitate Albiensi et se opposuerunt vel opponerent faciendo guerram universali ecclesiæ, vel Nobis, vel successoribus nostris regibus Franciæ. » — Carta 1264, documents inédits, n° VI, p. 156.

(2) Documents inédits, p. 37, et pièces justificatives, n° LVI, LVII, LVIII, LVIX. p. 229 et suiv.

(3) Il renonçait cependant à toute prétention sur les confiscations (*incurrimenta*) dont l'évêque, le chapitre ou l'église

modifia son droit par une disposition très-favorable à l'évêque.

Il s'obligeait pour lui et ses successeurs à vendre et à aliéner dans l'année les biens immeubles, provenant des hérétiques et *foi–mentis*, à telles personnes qui seraient en l'obéissance de l'évêque et de l'église d'Albi : « Or, disait « la charte, si Nous ou nos successeurs n'avons pu vendre « ou aliéner les immeubles *dans l'année*, l'évêque d'Albi, « dans la seconde et la troisième année, prendra ces im- « meubles de sa *propre autorité*, les possèdera, en fera les « fruits siens ; et si Nous ou nos successeurs ne les avons « pas vendus ou aliénés dans les trois ans, que l'évêque « d'Albi ou ses successeurs en retienne sous son autorité, « et de droit, la possession et *la pleine propriété* (1). »

C'est Louis IX qui créa le *droit d'amortissement*, d'après lequel l'église et les monastères étaient relevés de leur incapacité d'acquérir définitivement des fiefs, à titre gratuit ou onéreux ; le fief devait sortir des mains de l'église ou de l'abbaye *dans l'an et jour*, à moins qu'il ne fût *amorti* par le paiement de droits assez considérables ; alors il devenait propriété de *main-morte*. Ici, le roi crée, au contraire, pour lui-même et ses successeurs, l'incapacité de posséder définitivement les biens confisqués sur les héré- tiques ; et s'il ne les a vendus en une, deux ou trois années à des personnes d'un certain ordre, il reconnaît et sanc- tionne le droit absolu de l'évêque ou de l'église sur ces

d'Albi avaient depuis longtemps joui paisiblement et de bonne foi.

(1) Doc. inéd., p. 156. Carta 1264 : « ..... Episcopus Albien- sis habeat et retineat auctoritate propria possessionem et *pro- prietatem* omnium prædictorum *pleno jure.* »

mêmes.biens. Il considérait, sans doute, les terres confisquées sur les hérétiques comme *l'épave* légitime de
l'évêque, ou le droit de confiscation ecclésiastique, dans
ce cas spécial, comme un droit éminent. Toujours est-il
que le saint roi n'assimilait pas, en faveur du fisc royal,
le crime d'hérésie aux autres crimes suivis de confiscation,
et qu'il avait hâte de purger ses mains des propriétés en-
levées aux familles à la suite des jugements de l'inquisition. C'est une réserve qui honore sa mémoire, si véné-
rée de l'église : elle ne fut pas imitée par les rois de
France, dans les dispositions pénales dirigées contre les
hérétiques des temps modernes.

Nous avons vu le prince, comme successeur des vicomtes, se renfermer dans les limites étroites de la juridiction des seigneurs du Castelvieil et respecter la suprématie de l'évêque (1). Mais Louis IX, après avoir traité
comme simple successeur des vicomtes d'Albi, avait paru
comme roi, et fait reconnaître sa juridiction d'appel, en
toutes causes tant *civiles* que *criminelles*. Le bailli, juge de
premier ressort, officier du roi seulement en sa qualité
seigneuriale, n'était que l'égal ou même, dans l'ordre de
la justice criminelle, l'inférieur du bailli de l'évêque ;
mais le viguier, juge royal, exerçait la juridiction au
second degré, prenait le titre de viguier *d'Albi et de l'Albigeois*, et représentait le roi comme souverain. Le vi-

(1) Le serment du bailli « Servare jura omnia, universa et
singula, episcopi et ecclesiæ Albie suo durante officio » est
rappelé dans une formule de l'an 1279. — Doc. inéd., p. 200,
n° XXVII.

guier royal a existé, dès l'année même de la réunion
à la couronne, en 1229 (1).

L'autorité épiscopale avait semblé quelquefois entraver
cette juridiction de second ressort. Mais une transaction
de l'an 1374 entre l'évêque et les consuls eut pour objet
de déclarer « que l'intention de l'évêque n'était point de
« s'opposer *aux appellations* qu'on avait coutume de
« former de *sa cour temporelle* au viguier ou juge royal,
« ni de faire obstacle aux citoyens d'Albi lorsqu'ils vou-
« draient poursuivre leur appel dans les causes tant
« *civiles* que *criminelles*, et même pour les jugements des
« causes *moyennes* (2). »

La politique de la royauté, au moyen-âge, se trouve
ici bien caractérisée.

Le roi de France, en sa qualité de possesseur à titre
féodal, respectait les situations antérieures auxquelles il
succédait, sauf le devoir d'hommage que les rois, depuis

(1) Documents inédits, p. 200, nᵒ XXVI. *Bajulus Albie et
Albigesii.* — Le premier viguier d'Albi et d'Albigeois, en 1229,
fut Pierre Leu Donzel. Le dernier, de 1770 à 1789, fut François
de Gorsse, conseiller du roi, l'un des ancêtres du maire actuel
d'Albi, le général Gorsse, député au corps législatif.

Des actes et transactions de 1490 et 1553 déterminent les at-
tributions du viguier. — La même personne pouvait réunir les
deux qualités de bailli et de viguier, comme image des deux
qualités réunies en la personne royale.

(2) Documents inédits, p. 192, nᵒ XXIV. — « Dicit Dominus
episcopus quod intentio sua non fuit nec est *appellationibus*
quæ emitti consueverant a *sua curia temporali* Albie *ad vica-
rium et judicem regios* Albie nec civibus Albie cum ipsas *appel-
lationes* prosequi valeant in causis civilibus et criminalibus et
minoribus clamoribus obstare (art. 1). »

Philippe-Auguste, ne rendaient plus aux seigneurs qui pouvaient avoir, dans l'ordre des tenures, une supériorité de fief, mais qui toujours étaient leurs subordonnés dans l'ordre hiérarchique et monarchique. Successeur des vicomtes par la réunion de l'Albigeois à la couronne, saint Louis accepta la position, les droits restreints déterminés par la charte de 1264. Mais la Couronne retrouvait en elle-même sa prérogative ; et la justice royale s'éleva au-dessus des institutions de la féodalité par le droit souverain *de ressort et d'appel*, qui a ramené progressivement les justices patrimoniales et seigneuriales au roi de France comme source de toute justice.

La suprématie temporelle de l'évêque d'Albi, dans *ses rapports avec le roi*, avait dû, en conséquence, malgré ses priviléges de l'ordre féodal et juridictionnel, s'arrêter .devant une haute prérogative de la Couronne ; mais dans *ses rapports avec les consuls* ou la cité, elle s'est librement exercée ; et l'organisation municipale d'Albi offre un grand contraste avec la constitution municipale de Toulouse.

A Toulouse, les anciennes coutumes plaçaient la souveraineté locale dans les consuls et la cité ; à Albi, les coutumes la plaçaient dans l'évêque et l'église. Toulouse, cité gauloise, dotée du *Jus Latii* et accrue d'une colonie de citoyens romains, avait une constitution municipale qui conservait la forte empreinte des villes latines et des mœurs gallo-romaines. Albi, ville moins ancienne, issue peut-être d'une colonie romaine, mais formée et développée surtout, au IV\ :sup:\ e et au V\ :sup:\ e siècle, par l'établissement d'un évêché en l'honneur de Ste-Cécile (1), s'était comme abritée sous la protection de l'église et du palais épis-

(1) Etudes historiques de M. Compayré, p. 65.

copal, et elle a porté dans sa constitution intérieure les
signes visibles de cette origine ecclésiastique (1). C'est le
cas de dire avec Gaius : « *Cujusque rei potissima pars
principium est* (2). »

Les consuls et les conseillers de la cité se trouvaient
soumis à la suprématie épiscopale, soit pour leur institution, soit pour l'exercice de leur charge.

1° *Pour leur institution*; d'après une charte de l'an
1269 entre l'évêque Bernard de Combret et les consuls
d'Albi (charte confirmée par l'archevêque de Bourges),
les choses se passaient de la manière suivante :

« Quand les consuls et les conseillers devront être
« créés (dit la charte), *à juste parlement*, comme il est de
« coutume, les hommes de chacun des six quartiers de la
« ville (3), éliront deux consuls et deux conseillers,
« lesquels seront présentés à l'évêque; et ils lui prêteront
« serment de garder fidèlement les *droitures* de l'évêque,
« de l'église, de la cité d'Albi, et de remplir loyalement
« leur office (4). »

Douze consuls et douze conseillers étaient, par consé-
quent, nommés et institués pour la communauté d'Albi;

(1) Une tradition consignée dans les manuscrits du pays était
que Deodatus, aumônier de Charlemagne, devenu évêque
d'Albi en 804, y avait établi un tribunal, créé des consuls et
octroyé des priviléges. — Etudes hist. de M. Compayré, p. 8.

(2) Gaius, ad legem XII tabul.

(3) L'expression technique dans la charte est *gâche*, c'est-à-
dire tour, guet ou quartier.

(4) Charte de 1269, en dialecte roman avec confirmation de
l'archevêque de Bourges.— Documents inédits, p. 158, n° VII.

et dans chaque partie de la ville le peuple faisait directement l'élection des consuls et des conseillers, qui
devaient représenter et défendre les intérêts spéciaux du
quartier et les intérêts généraux de la cité.

Ces formes sont régulièrement constatées par un procès-
verbal d'élection de l'an 1321 (1).

Mais avec le temps, l'évêque d'Albi trouva qu'il y
avait trop de liberté dans le mode d'élection, et les formes
furent modifiées en l'année 1402. Le nombre des consuls
fut réduit à six, celui des conseillers porté à vingt-quatre,
et du suffrage *universel*, dans la cité, on passa au suffrage
restreint et à l'élection par degrés. Il n'y eut plus que
quinze électeurs par quartier ; ces électeurs étaient eux-
mêmes choisis par les consuls et conseillers sortants :
ceux-ci dressaient, en outre, une liste de candidature
pour les consuls à élire ; cette liste, qui comprenait vingt-
quatre noms, restait secrète pour la ville. Les *quinze*
électeurs par quartiers (qui formaient un total de *quatre-
vingt-dix* électeurs pour les six quartiers) se réunissaient
au palais épiscopal, faisaient leur choix des six consuls
parmi les vingt-quatre candidats et soumettaient le nom
de chaque consul à l'approbation de l'évêque ; c'était une
élection à trois degrés.

Quant aux vingt-quatre conseillers à nommer, ils étaient
désignés par les six nouveaux consuls, de concert avec les
consuls et conseillers sortants, et ils devaient être pris
parmi les électeurs de chaque quartier. Dans ces trop
habiles combinaisons, le suffrage direct du peuple avait
complètement disparu.

(1) Documents inédits, procès-verbal d'élection de l'an 1321,
p. 168, n° X.

L'élection faite, consuls et conseillers, genou en terre et la main droite sur la croix, juraient fidélité à l'évêque (1).

L'institution des notaires publics, chargés de recevoir les contrats civils, était soumise à des formes analogues. L'évêque appelait les consuls, les conseillers et autres prud'hommes au nombre de vingt ou plus ; et, de l'assentiment de la majorité, il instituait les notaires et recevait leur serment en présence de l'assemblée (2).

2° Quant à *l'exercice* de *la charge* consulaire, la suprématie de l'évêque était toujours présente.

La garde des clefs de la ville appartenait à l'évêque comme seigneur de la cité (*si coma seinher de la ciutat*), d'après une charte de 1268 (3). Il appelait les consuls ou, à leur défaut, douze prud'hommes, et ceux-ci élisaient six personnes auxquelles était faite la remise des clefs ; les gardiens faisaient serment de n'en pas user au préjudice de l'évêque, de l'église, de la cité, des citoyens et du *roi de France*. Ils devaient ouvrir les portes au mandement

(1) Documents inédits , p. 166-168, n° IX.

(2) Charte de 1269, del notaris publics creadors. — Docum. inéd., p. 162, n° VII. — Du reste, le pape Jean XXI, par bulle du 18 octobre 1276, accorda à l'évêque le droit de nommer deux notaires publics suivant les formes accoutumées à Rome. Et de plus, par une épître de la même année, il accorda à l'évêque le droit de disposer par testament des biens ecclésiastiques, en laissant aux églises une portion *congrue*, selon sa conscience et discrétion. — Doc. inéd., p. 277, n° LXXVIII.

(3) Documents inédits, p. 162, n° VII. — Charte de 1268, *de las claus de la vila d'Albi gardar.* — La charte porte à la fin : Fait ainsi à Albi, dans l'église de Sainte-Cécile, *en plein parlement* desdits citoyens et de la communauté de la ville, présent ledit évêque, l'an du seigneur 1268, mois de septembre.

de l'évêque, quand lui ou quelqu'un de sa suite voulait
entrer ou sortir; l'évêque même pouvait réclamer une
des clefs; et lorsque l'archevêque de Bourges faisait son
entrée dans la ville d'Albi, les gardiens remettaient toutes
les clefs à l'évêque, qui les offrait au métropolitain en
reconnaissance de sa seigneurie temporelle.

L'évêque, comme on l'a vu plus haut, avait la juridiction civile et criminelle, et dès lors les consuls d'Albi
étaient privés de la prérogative qui donnait une si grande
importance à la juridiction municipale des villes du Midi,
telles que Toulouse et Bordeaux. Cependant une part avait
été laissée aux consuls d'Albi. D'après la charte de 1220,
l'*attermoiement* pour les dettes et obligations ne pouvait
être accordé à un débiteur que s'il paraissait digne de
confiance à l'évêque et *aux consuls* ou autres prud'hommes. La connaissance des causes de servitudes, de bor-
nage et autres du même genre, appartenait en commun à
la juridiction de l'évêque et aux consuls : une transaction
de l'an 1374 reconnut que les consuls pouvaient connaître
de ces causes *de plano*, sans discussion, sans forme de
procès et de jugement (1). C'était une sorte de justice de
paix.

Dans les coutumes relatives aux impôts, on trouve la

(1) Documents inédits, p. 193, n° XXIV. — Salvo et retento
quod Domini consules de prædictis (*scilicet de servitutibus, de
metis sive bosulis, stillicidiis et similibus*) cognoscant de plano
et sine strepitu et figura judicii et absque erectione causæ
(Transaction 1374, indiquée par erreur par M. Compayré sous
l'année 1274).

suprématie épiscopale entée, pour ainsi dire, sur des origines romaines.

L'impôt était foncier et personnel, selon la distinction de la *capitatio terrena* et de la *capitatio humana* du code Théodosien et des Novelles. L'impôt était fixé par l'évêque, du consentement des prud'hommes et de la communauté de toute la cité d'Albi. La charte de 1236, qui est dite avoir été faite pour servir de témoignage en tout temps, portait le sceau de l'évêque d'abord, et puis le sceau communal. Elle déclare que l'*impôt commun* de la cité d'Albi est de *mille sous* (1), et qu'il sera levé proportionnellement au sou pour livre, selon l'usage de Toulouse et de Montpellier. La fixation et la levée de cet impôt, relatif aux propriétés immobilières, reposaient sur un recensement ou cadastre et sur l'unité foncière ou la *millène* indiquée par la Novelle de Majorien de l'an 458, qui a reçu,

(1) Documents inédits, p. 149, n° V. — « Conoguda causa sia a totz aquels homes que aquesta present carta veiran ni auziran legir que nos Durantz, per la gratia de Dieu, avesque d'Albi, ab *voluntat* et ab *autreiament* dels prohomes et del comunal de tola la universitat de la ciutat d'Albi, establem et disem et autreiam que *totz comus* que daissi enant se *fassa en la ciutat* dAlbi que sia de M. sols de R. (Ramondenes) a dessus, que a quel sia levatz per sol et per liura a la coustuma et al for *de Tholosa* et de Monpeslier. — E per fermetat e a major auctoritat, avem donada a questa present carta en testimoni valedoira *per totz temps,* laqual navem cofermada ab nostre sagel e li prohome el comunals...... ab lo sagel comunal de la ciutat d'Albi. Actum Albie idus febroarii M.CC.XXXVI. — Il y a une autre charte de 1245 qui ne change rien au taux de *mille sous.*

de nos jours, du mémoire de *M. Baudi di Vesme*, et dans
cette enceinte, une explication lumineuse (1). L'interprétation gallo-romaine du VIe siècle, rédigée en assemblée
provinciale du Midi et qui accompagne la *lex romana*
ainsi que les Novelles usitées dans le pays, prouve que la
Novelle de Majorien était suivie quant à l'assiette de l'impôt territorial, mais qu'elle ne l'était pas pour la quotité,
ou le nombre des *sous d'or* réclamés par chaque millène :
sous ce dernier rapport, qui constituait une charge trop
lourde, la Novelle n'était plus en usage dès le VIe siècle ;
usu caret, disait l'interprétation (2). Suivant les recherches
de Nieburh, un as pour une valeur de mille as était l'unité
ancienne qui servait de base à l'impôt de l'*ager romanus*,
et lorsque l'impôt en numéraire fut introduit dans les
provinces, la même base fut adoptée avec un autre système
de monnaie. On exigea un *aureus* pour mille *aurei* de terres estimées par les officiers du recensement ; ce fut le
simplum longtemps en usage (3). Sous les empereurs
Constantin, Julien et Majorien, le taux proportionnel
augmenta d'une manière démesurée, puis redescendit, et
retomba probablement dans la Gaule méridionale au taux
primitif, au *simplum* qui n'avait rien d'exorbitant. C'est
d'après cette proportion, sans doute, que l'impôt commun

(1) Mémoire sur les impositions de la Gaule, traduit par
M. Ed. Laboulaye, Revue bretonne de droit, t. II, année 1841.
— Mémoire de M. Giraud, 1846. — Compte-Rendu.

(2) *Codex theod* (Gothofr. et Ritter), tom. VI ; — secunda
pars, Leg. Novell., p. 147 (édit. 1743).

(3) Voir le savant mémoire de M. Giraud, et la discussion
sur ce mémoire. — Compte-Rendu de l'Académie des Sciences
morales et politiques, année 1846.

et foncier, le *tolz comus de la ciutat* d'Albi, selon les ex-
pressions de la charte de 1236, avait été fixé pour tous les
temps, et l'impôt total des mille sous pouvait ainsi représenter un nombre égal d'unités foncières , de millènes
ou de *capita* déterminés par les anciens recensements.

Quant à la capitation personnelle, elle portait tant sur
les personnes que sur le bétail des champs , comme dans
l'ancienne capitation des colons romains et gallo-romains.
Dans les coutumes d'Albi; la contribution personnelle est
appelée la *patz* ou *pezada* ; elle était de quatre deniers, que
tout homme levant et couchant dans la cité d'Albi devait
payer, de l'âge de 14 ans à celui de 60, à moins qu'il
ne fût clerc ou privilégié. La femme n'était pas exempte,
mais elle ne devait payer qu'une fraction de l'impôt ou
du *caput*, selon l'esprit des Novelles de Majorien (1).

La *patz* d'Albi et de son territoire était due pour le
bétail inscrit au recensement annuel par des officiers ou
censitores appelés *paziers*. (2).

On retrouve donc dans les anciennes coutumes d'Albi
trois espèces d'impôts, dont l'origine romaine est recon-
naissable au milieu des transformations du moyen-âge,
et peut confirmer les indices déjà recueillis d'une ancienne
colonie romaine.

C'était l'évêque, comme seigneur, qui levait ces impôts à
son profit; le roi n'y prenait point part. Les consuls, en ac-
cordant à saint Louis un subside pour la croisade, en 1269,
l'accordèrent à titre de don, et rappelèrent qu'ils étaient

(1) Doc. inéd., charte de 1245 et transaction de 1316, p. 150
et 164. N° VII. — V. mon 3e volume sur l'histoire du droit,
p. 309 et s.

(2) Transaction de 1316, p. 164.

sujets de l'église et libres dès lors de toute servitude : *Cùm simus homines Ecclesiæ, et ab omni liberi servitute* (1). Seulement la royauté avait retenu de l'origine romaine du *portorium* une part dans le droit de douane ou de *tonlieu*, qui se percevait sur les laines, que les hommes du dehors apportaient dans la ville d'Albi pour les vendre. Le prélèvement en nature se faisait par moitié au profit du roi et de l'évêque (2).

Quant aux consuls, indépendamment du droit exclusif de consentir aux subsides, dans les circonstances extraordinaires, ils exerçaient le droit de *lever des tailles*, de leur propre autorité, sur les habitants d'Albi pour *les nécessités publiques*. Une transaction de l'an 1374 entre eux et l'évêque, confirmée par le parlement de Paris, reconnaît formellement que l'exercice de cette ancienne prérogative *aura lieu comme par le passé*, sans acquisition de droit nouveau (3).

(1) Etudes historiques de M. Compayré, p. 23.

(2) Docum. inéd., carta 1316, p. 165, n° VIII : « Totz hom de fora que aporte ad Albi lenha a vendre.... que sia tengulz de pagar... *una saumada de lenha, una nostre senhor lo rei, et autra a mossenhor lavesque.* »

Le *portorium* était d'un droit de 40°. — Le *toleonum* l'a remplacé sur toute espèce d'objets arrivés par terre ou par eau.

(3) Docum. inédits, p. 194, n° XXIV. — « Item super articulo continenti quod ipsi consules eorum *propria auctoritate Tallias* imponere possint, fuit concordatum inter dictas partes quod ipsi consules imponant et imponere possent habitatoribus dicte civitatis tallias pro necessitatibus ejusdem civitatis et universitatis ejusdem necessariis, *prout hactenus facere consueverunt, sine acquisitione novi juris.* »

En résumé, la constitution municipale de la cité d'Albi était surtout une constitution épiscopale : l'évêque y exerçait une suprématie incontestée par l'institution des consuls nommés sous son influence, par ses priviléges pour la garde des clefs et la sûreté de la ville, par son droit d'*indiction* relativement à l'impôt commun de la cité ou impôt territorial, par la levée de plusieurs contributions.

D'un autre côté, comme seigneur temporel dans l'ordre féodal, l'évêque partageait le pouvoir avec le roi, successeur des vicomtes ; il avait même la suprématie, à cet égard, par *sa haute justice* pour les matières criminelles et les accusations d'hérésie, livrées au jugement spécial des inquisiteurs.

Les citoyens étaient donc toujours, et pour tous les actes de leur vie civile et religieuse, en présence du pouvoir temporel de l'évêque d'Albi ; ils n'avaient de ressource, dans les moments les plus difficiles, que la juridiction royale du second degré.

De là vint l'idée d'une association qui les placerait directement sous la sauvegarde du roi ; de là naquit la *Confrérie de Saint-Louis*, qui s'unit à l'institution municipale à partir du XIIIe siècle.

La confrérie de Saint-Louis était une corporation qui avait ses syndics, et qui prétendait au privilége d'être *directement* sous la sauvegarde, protection et justice du roi sans être tenue de reconnaître, *au premier degré*, la juridiction temporelle de l'évêque. La juridiction des viguier et juge royaux était la seule dont elle relevait en premier et dernier ressort.

Son existence fut implicitement reconnue ou formellement autorisée par les rois. Ainsi, dans un acte de 1364, où figurait le roi de France, la qualité du Syndic de la confrérie était mentionnée comme la qualité légitime du représentant de la corporation (1). Ainsi, dans les lettres-patentes données en parlement par Charles V, en 1368, il est déclaré « que la confrérie établie en l'honneur de « saint Louis avait coutume de demander au roi ou à « ses lieutenants le droit de *sauvegarde*, et qu'elle était « en *possession* et *saisine* de ce droit sous les rois ses pré-« décesseurs (2). »

Les consuls d'Albi, souvent inquiets de la suprématie épiscopale, soutenaient volontiers la confrérie de Saint-Louis, afin de renfermer, dans les plus étroites limites, la juridiction de la *Cort seglar*. Ce fut la source de vifs débats entre l'évêque, les consuls et la confrérie. Au milieu du XIVᵉ siècle, les consuls d'Albi et le syndic de la corporation se réunirent contre l'évêque pour faire maintenir les droits, franchises et libertés du pays. L'évêque avait défendu aux habitants de la ville de vendre aux étrangers, à l'extérieur, blé, farine, pain et vin; et il avait interdit aux étrangers, à l'intérieur, de sortir de la ville,

(1) Documents inédits, p. 172, nᵒ XII. — Karolus rex Francorum..... Cum lis pendeat inter Consules Albie et Sindicum confratrie B. Ludovici ex una parte, et episcopum Albiensem, ex altera, super jure et juridictione, etc....

(2) Documents inédits, nᵒ XIII, p. 174. — ..... Quod in honorem B. Ludovici erat confratria quæ consueverat a nobis et nostris locum tenentibus salvam gardiam impetrare et dicta salva gardia uti..... et erant dicti confratres *in possessione et saisina* dicta salva gardia utendi et per nos aut nostros predecessores in dicta salva gardia atque usu custodiendi (Datum in parlamento, XVII maii 1368).

sous peine de perdre leur avoir (1). Les dispositions de la
charte de 1220, sur la liberté des personnes, étaient mé-
connues (2). Le roi intervint pour empêcher le trouble
apporté à sa juridiction, et maintenir les libertés et franchises d'Albi. Il manda au sénéchal de Carcassonne, en
1364, aux viguier et juge royaux d'Albi *que rien ne fût in-
nové* dans les usages, franchises et libertés des consuls (3).
La confrérie de Saint-Louis avait fait alors cause commune avec les consuls dans l'opposition aux entreprises
de l'évêque. Réciproquement les consuls, en 1368, firent
cause commune avec la corporation et s'unirent au syndic
pour demander au roi « de la maintenir dans la posses-
« sion et jouissance, *sous la sauvegarde royale*, de tous les
« *droits, priviléges, exceptions* et *protections* qui pouvaient
« et devaient appartenir à ladite confrérie de Saint-
« Louis (4). »

Cette confrérie, de l'ordre civil, devenait ainsi un corps
intermédiaire entre l'évêque et le roi, entre l'évêque et
les consuls : elle faisait contre-poids à la suprématie tem-

---

(1) Doc. inéd., p. 172, n° XII, année 1364. — Licet Dominus
episcopus non possit aliqua afforamenta nec ordinationes facere
in bonis, victualibus nec in aliquibus..... Idem episcopus de die
in diem nittitur perturbare juridictionem nostram quam nos
habemus et libertates et franchisias quotidie *attemptari*.

(2) Quod nemo *capi* valeat seu *compelli* Albie, potenti jus
facere seu volenti.... Nec episcopus debet *sequi* homines Albie.
— Carta 1220, doc. inéd., p. 144-148.

(3) Quod in jure nostri patrimonii, usuum, franchisiarum et
libertatum consulum, ne aliquid innovetis. p. 172, Doc. inéd.

(4) Documents inédits, n° XIII, p. 175. — «Ipsos etiam Consules debere custodiri'in suis juribus et usibus et *dictum* Sin-

porelle du prélat dans la cité ; elle échappait à la juridiction de sa cour séculière; et, sous le patronage du saint
roi, elle constituait une barrière avouée ou recherchée
par les consuls et les habitants, maintenue et appuyée
par la royauté contre les abus de la confusion des pouvoirs.

Les discussions, élevées au nom de la confrérie de Saint-
Louis sur les droits de ses membres et ceux des consuls ,
troublèrent souvent les évêques dans l'essai de prétentions exagérées , ou même dans la jouissance d'anciennes
prérogatives. Elles ne furent terminées que vers la fin du
xve siècle, en 1490, sous le glorieux épiscopat de Louis
d'Amboise (frère du cardinal), ami de la justice et des
arts, qui affermit son pouvoir en le séparant de prétentions
abusives, et qui déploya en grande partie, dans la cathédrale d'Albi, ces merveilles de sculpture et de peinture,
objet de l'étonnement de Richelieu et de l'admiration générale (1).

dicum nomine confratrie et singulorum fratrum habendi et
utendi dicta salva gardia nostra omnibus juribus, *excellentiis*,
protectionibus et exceptionibus que ad causam dicte salve gardio
possunt et debent pertinere.—Datum Parisiis in parlamento nostro, die XVII maii anno MCCCLXVIII.

(1) C'est en 1480 qu'a été faite par Louis d'Amboise la con-
sécration de la magnifique église de Sainte-Cécile, qui avait été
commencée à la fin du xiiie siècle. — Louis II, d'Amboise, son
neveu et successeur dans l'épiscopat, fit faire les peintures de
la voûte de 1503 à 1515. C'est à des peintres de Bologne
qu'elles sont dues. Une inscription de 1513 mentionne l'école
bolonaise dans la peinture même. (Voir les études hist. de
M. Compayré, p. 88.)

L'évêque Louis d'Amboise, après s'être affranchi par
son habileté administrative de l'opposition de la confrérie
de Saint-Louis, confirma, du reste, les franchises des
consuls et de la communauté d'Albi.

La formule qui fut adoptée sous son épiscopat et suivie
jusque dans les temps modernes, pour l'hommage rendu
à l'évêque lors de sa réception, rappela l'esprit des anciennes coutumes et constata également la suprématie de
l'évêque comme seigneur temporel (1) :

« Moi consul, syndic ou député de l'université et cité
« d'Albi, reconnais et confesse que vous, révérend Père
« en Dieu, évêque d'Albi, êtes seigneur *spirituel* et *tem-*
« *porel* de la présente cité, et vous promets et jure, en
« touchant les quatre évangiles de Dieu, le *Te igitur*, et
« la Croix, que toute l'université (*universitas*) et chacun
« d'icelle vous serons loyaux et *francs sujets*, et vous
« garderons et procurerons vos droits, profits et honneurs,
« et éviterons vos dommages, à notre pouvoir, et obéirons
« à vos *commandements*, et à ceux de vos officiers. Et si
« aucunes choses savons contre vous, votre Eglise et Sei-
« gneurie, nous y résisterons et vous les signifierons par
« notre loyal message, incontinent et sans délai, et toutes
« et chacunes autres choses qu'ont accoutumé de jurer
« pour et au nom de ladite université et chacune d'icelle
« en cas semblable, je promets et jure faire tenir, gar-
« der et accomplir avec l'aide de Dieu et des Saints. »

Chaque année l'hommage à l'évêque était renouvelé le
jour de Noël. Les consuls, revêtus de leurs insignes et
accompagnés des notables de la ville, se rendaient au pa-

(1) Manuscrit des archives d'Albi, en français. — Docum.
inéd., p. 86.

lais épiscopal ; mais à partir de l'évêque Louis d'Amboise, au lieu de prononcer l'hommage à genoux et en langue vulgaire, ils le prononçaient debout et en français, de la manière suivante :

« Monseigneur l'évêque, nous venons ici pour vous of-
« frir et présenter les biens de la ville et cité d'Albi, et
« vous reconnaître *pour seigneur spirituel et temporel*, dans
« laquelle vous avez toute justice, haute, moyenne et
« basse ; et si, nous vous prions vouloir maintenir et con-
« server nos anciennes libertés et priviléges, écrits et non
« écrits, et prions Dieu qu'il nous donne les bonnes
« fêtes (1). »

Tel était le pouvoir temporel de l'évêque dans les coutumes d'Albi ; et il se trouvait si profondément enraciné dans les mœurs du pays que pendant tout le moyen-âge, jusqu'à la fin du XVe siècle, s'il avait rencontré quelquefois des oppositions, des résistances contre les abus, il n'avait pas souffert d'altération dans son principe.

A partir de 1490, il fut affranchi de l'opposition généreuse, mais inquiète et active, de la confrérie de Saint-Louis. Il n'en devint pas, toutefois, plus oppressif ou plus dominateur. Au contraire, libre entièrement des anciennes terreurs qui avaient accompagné, au moyen-âge, les gémissements des victimes enfermées dans les cachots de l'inquisition, l'évêque d'Albi ne fit plus connaître son pouvoir que par les bienfaits mêmes de l'épiscopat et la protection accordée aux beaux-arts. Les orages de la réforme du XVIe siècle, qui laissèrent des traces profondes dans les pays voisins, Montauban, Castres, Mont-

(1) Docum. inéd., p. 87 (Ms. des archives du XVIe siècle).

pellier, furent écartés de la cité d'Albi, par le souvenir du passé, par la prudence des évêques; et la population du diocèse, si tourmentée autrefois par l'hérésie albigeoise, resta toute catholique. Bossuet reproche aux protestants de son siècle d'avoir voulu se donner les *Albigeois pour ancêtres* dans leur séparation de l'église universelle ; mais il est certain que les ancêtres prétendus en doctrine sur l'église n'avaient pas laissé de descendance dans l'Albigeois même (1).

Les anciennes coutumes sur l'union du pouvoir spirituel et temporel se maintinrent par l'assentiment général (2); et dans les plus beaux temps du siècle de Louis XIV, en 1678, le siége épiscopal parut digne au pape et au roi

---

(1) C'est un fait qui s'est continué jusqu'à nos jours; il est notoire qu'il n'y a pas de protestants dans le diocèse d'Albi. — Sur le reproche adressé aux protestants, voir l'histoire des Variations de Bossuet, livre xi, nos VII et XXXVI. — Il est aussi remarquable que le P. Benoist, dominicain, dans sa dédicace à Louis XIV qui lui avait demandé d'écrire l'histoire des Albigeois, cherche à rattacher le protestantisme à l'ancienne hérésie des Albigeois et des Vaudois, et il glorifie Louis XIV d'avoir signalé la 47e année de son règne par l'entière défaite *des deux monstres* (*Epitre au Roi* p. 4). Parmi les Albigeois, c'était surtout la secte dite des *Bonshommes* qui niait la hiérarchie de l'Eglise (V. le Mémoire publié en 1840 par M. Belhomme. — *Confessio G. Furnerii de Tholosa*, *et confessió G. Carrierra conversi*. — 1250-1254).

(2) Documents inédits, p. 170, n° X *bis*. — Mémoire extrait des registres de la mairie sur l'élection des consuls à la fin du xviie siècle.

de devenir un siége métropolitain, sans que l'idée se présentât de modifier l'organisation primitive.

La seigneurie temporelle et spirituelle reposa dès lors sur la tête des Nesmond, des Castries, des Larochefoucault, des Choiseul (1); et ces prélats, par leur haute distinction. leurs lumières et leur sagesse, conservant dans son intégrité l'antique constitution de la cité, purent la conduire, toujours honorée et aimée de leur peuple, jusqu'au moment solennel où la Révolution française devait ouvrir le tombeau à toutes les inégalités municipales et provinciales.

(1) Docum. inéd., p. 128. — L'archevêque Choiseul usa de sa seigneurie temporelle pour détruire les antiques remparts et les tours crénelées qui attestaient l'une des villes les plus fortes du Languedoc.

F. LAFERRIÈRE.

ORLÉANS. — IMP. COLAS-GARDIN.

ORLÉANS. IMP. COLAS-GARDIN.